THIS BOOK

belongs to:

____

____

____

____

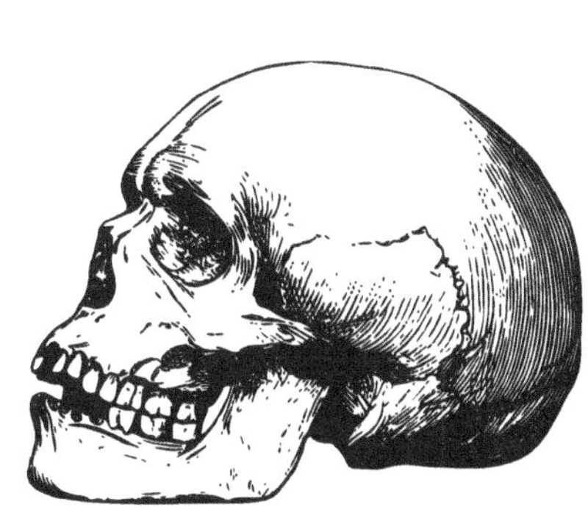

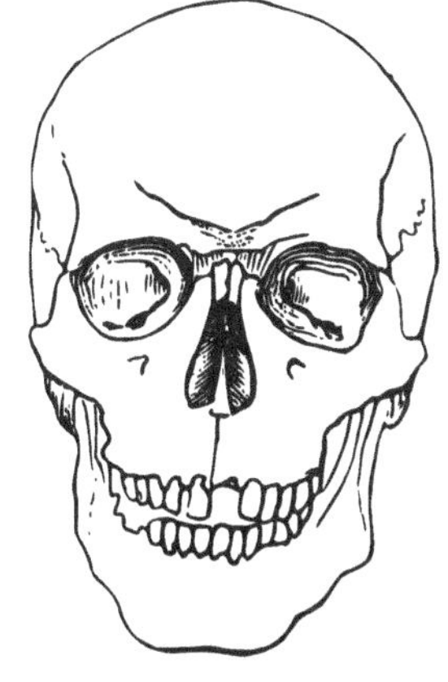

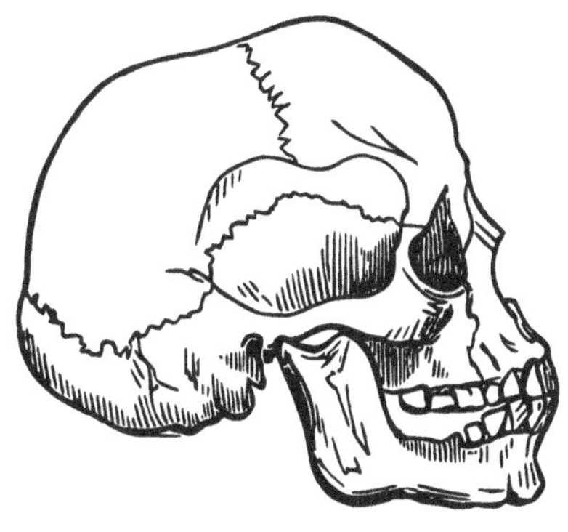

color test

1

3

4

5

6

7

8

9

11

12

13

14

15

16

17

18

19

21

22

23

24

25

26

28

29

31

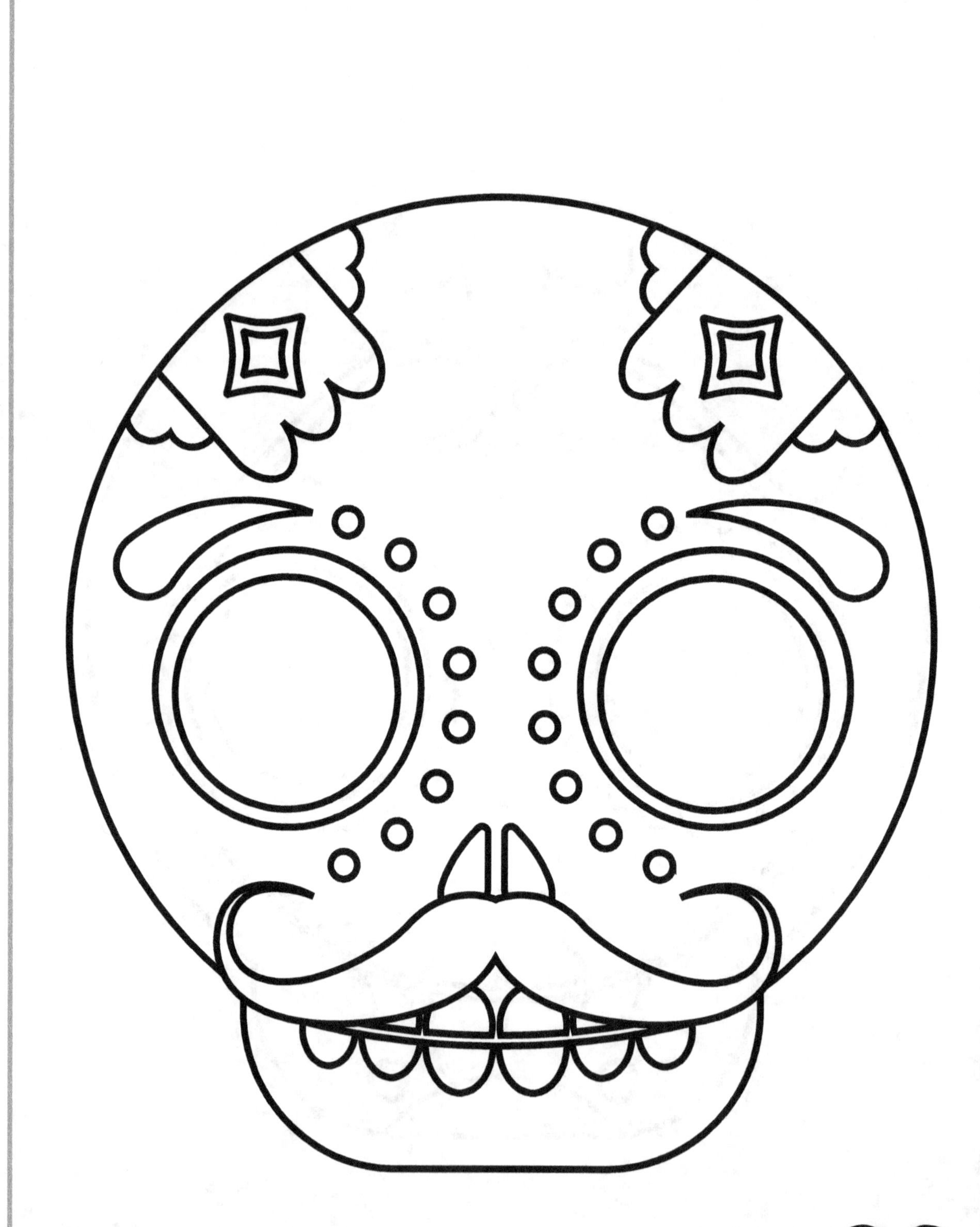

32

33

34

35

36

37

38

39

40

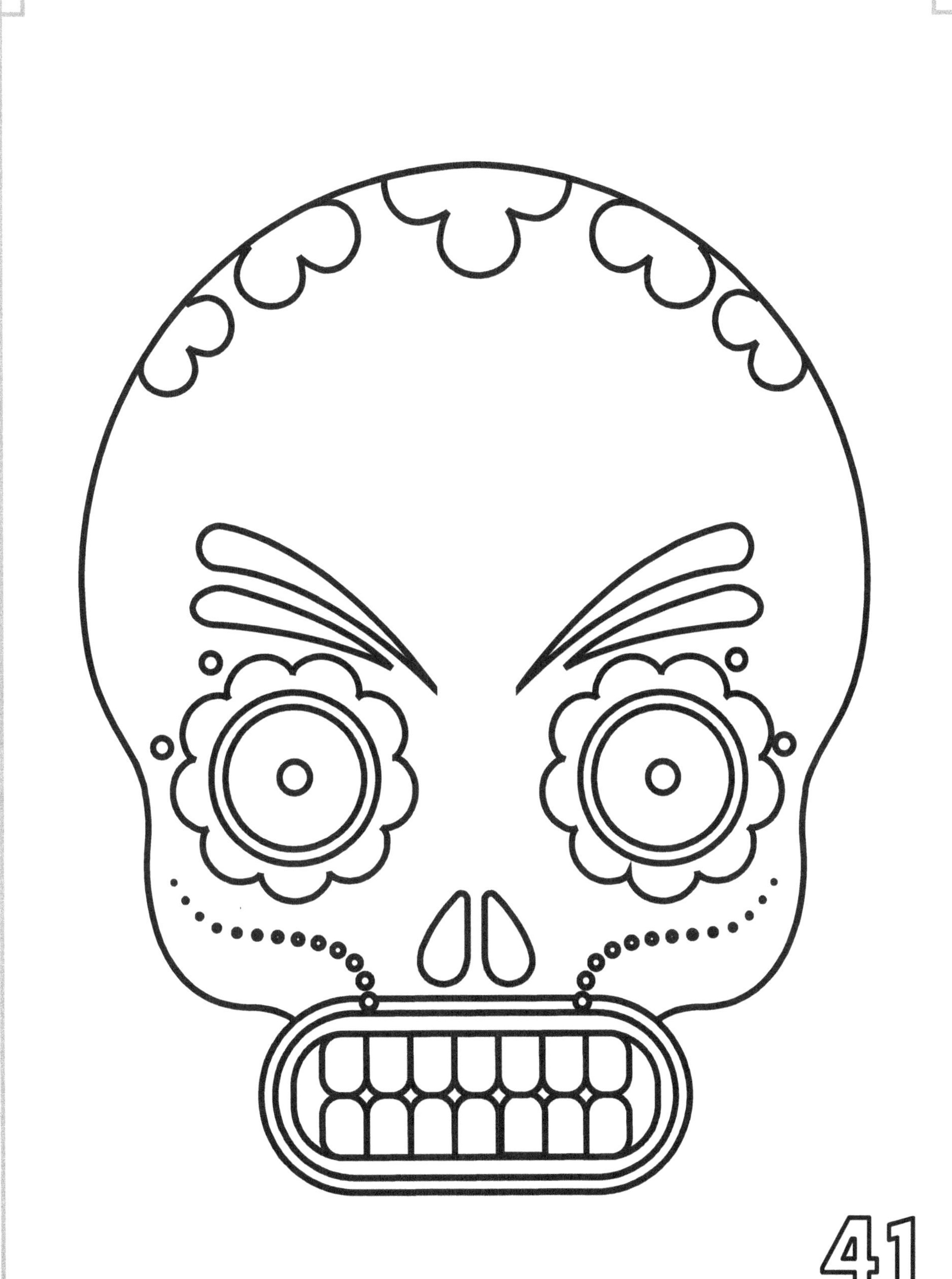

41

42

43

44

45

46

47

48

49

51

52